Maurice Debam

LES CHANSONS DE LA MAAT

Maurice Debam

LES CHANSONS DE LA MAAT

Éditions Muse

Imprint

Cover image: www.ingimage.com

Publisher:
Éditions Muse
is a trademark of
Dodo Books Indian Ocean Ltd. and OmniScriptum S.R.L publishing group

120 High Road, East Finchley, London, N2 9ED, United Kingdom
Str. Armeneasca 28/1, office 1, Chisinau MD-2012, Republic of Moldova, Europe
Printed at: see last page
ISBN: 978-620-4-96557-4

Dédicace

Le train de la vie ayant toujours une destination et une fin, la vie n'a de sens qu'au moment où la mort nous arrache les être chères que nous aimons et admirons plus. Je dédie ce recueil de poème à toi papa. A dieu père !

Mot de l'auteur

Au fur et à mesure que les ères passent, nous observons une perpétuelle décadence morale et éthique. Les Valeurs changent de sens et deviennent de plus en plus ennemi de la raison et du bon sens. L'avancée technoscientifique via les réseaux sociaux a brisé les frontières existantes entre la morale et l'immoralité en semant un grain nouveau : les Valeurs sont devenues des mots vides de sens, c'est le non-sens qui devient le véhicule transportant la jeunesse. La faiblesse et la paresse sont les maitresses du jeu envieillissant nos sociétés, elles sont devenues la Norme. Malheur à celui qui ose dénoncer ! Cela me rappelant bien la célèbre phrase de Friedrich Nietzsche :

Ne soyez pas victime d'un idéalisme excessif en pensant que dire la vérité vous rapprochera des gens, car les gens aiment et récompensent ceux qui pensent les droguer d'illusions. Depuis la nuit des temps, les humains ne punissent que ceux qui disent la vérité. Si tu veux rester avec les gens partage leur illusion. La vérité est dite par ceux qui veulent partir.

La liste est longue, l'assassinat des hommes spirituels, scientifiques, politiques et des journalistes au cours de l'histoire est la réalité parfaite de cette phrase de Nietzsche. Je dirais que nous sommes enfermés dans une spirale infernale du Mal absolu. Je n'ai qu'un seul cri : le retour aux fondamentaux.

La morale

En veillant
Je pleurs
Larme aux yeux
Cœur brisé
Je me lasse
Etouffé
J'ai peur

Oh morale
Où t'en vas-tu ?
Me laissant
Dans la jungle
Un univers
Sans garanti
Ni assurance
Je crains
Je crains
Et je crains

Quel héritage laissé
Quel vision octroyée
Quel chance donnée
En héritage

Oh morale

Aie pitié de moi

Ne t'en vas pas

Ne me lâche pas

Sans toi

C'est le chaos

C'est la perdition

Le mal absolu

Promets-moi

D'y rester

Donne-moi ta parole

Tiens-moi compagnie

Incarne-toi en moi

Rajeunie moi

Impose-toi en moi

Sois l'éclair

Et la boussole

Me guidant.

La paix

Tant convoiter
Tant aimer
Et jalouser
Tu reste
Ce soleil
Brillant
Mais impossible
De t'atteindre

Personne n'ayant
Ni courage
Ni volonté
Et ni force
De te fixer
Droit dans les yeux
Juste pour te dire
Un mot
Juste un mot
Pleut

Toi paix
Pleut abondement
Inonde-nous
Envieilli nos cœurs
Console nos chagrins

Diminue nos douleurs
Et nos maux

Pleut en quantité
Eteint nos soifs
Rassasie nous
De ta présence
Epatant notre quotidien
Fantasmant notre séjour
Eveillant notre conscience
Vivifiant notre regard
Toi paix
Tu restes
Cette harmonie
Que nous souhaitons
Ta beauté
Est la sublimation
Et l'idolâtrie
Que nous adorons
Nous cultivons
Et tenons pour culte.

L'amour

Tel que ressenti
Envers mère et enfant
Contamine-nous
Sois la pandémie
Le virus
Nous envahissant
Oh amour
Nous sommes
Et restons
A ta porté
Tu es la sagesse
Sensé nous guidé
Marquant nos pas
Et notre agir
C'est toi le credo
Nous menant
A la paix durable
Ton affection sincère
Nous menant
A l'unité
Nous incitant
A t'en vouloir
Plus plus plus
Ouvres-nous
Tes portes et fenêtre

Nous engloutissant

Profondément

Nous copulant

Toutes et tous

Intègres en nous

La bonté infaillible

Le regard d'ensemble

Reflète-toi

Fais de ma société

Ton sanctuaire

Ton temple

Et ton lieu

De méditation.

La solidarité

La vie devenant
Belle et fiable
Surtout florissante
Et porteuse de fruit
Solidarité
Y régnant et gouvernant
C'est l'intime conviction
La sureté totale
Elle anime
La réciprocité
Inculquant mutualité
Imprégnant engagement
Postulant pour l'équilibre
Portant l'entraide
Imposant la cohésion
Dans un intérêt
Plus que commun
Aboutissant réellement
A l'avantage général
Pour une unité
Très grandissante
Et une sociabilisassions
Pour tous.

La sagesse

Du caractère circonspect
De l'œuvre d'esprit
En passant
Par prudence et modestie
Aboutissant à la connaissance
Naissant de la lumière
Et la pierre de l'esprit
La sagesse reste
Et demeure seigneur
A elle s'adresse
Prière et louange
Avec foi et fermeté
Attendant son esprit
Son esprit saint
Nous envieillissant
Pour que nous parlions
Son langage
Pour que nous respectons
Ses commandements
Et que nous soyons
Soumis à sa loi
Sa doctrine devenant
Notre guide
Marquant nos pas
Corrigeant nos paroles

Indiquant notre marche

Oh toi sagesse

Ether divine

Impondérable

Et éminemment répandu

Sois notre berger

Notre Maat

Nous menant

Au salut

Dans ta somptueuse

Résidence paradisiaque.

L'humanisme

Forgeant un même destin
Une vie commune
Une vision globale
Un avenir pour tous
Une cible identique
Un chemin général
Nous tous
Gênerons l'humanisme
Privilégiant les valeurs
Valorisant le vivre ensemble
Investiguant pour une unité
Une unité humaine
Aboutissant à l'humanité
L'humanité vivable
Sans rancune
Aucun racisme
Aucune maltraitance
Sans humiliation
Sans rancune
Mais plus d'amour
D'humanisme et d'empathie
De compréhension et générosité
De grandeur et l'éclosion.

La patrie

Terre de nos aïeux
Terre de nos ancêtres
Toi qui nous as fait naitre
Qui nous a fait grandir
Qui nous a éduqués

Très chère patrie
Honneur et fidélité
Reconnaissance et patrimoine
Grace et élévation
Nous te les rendons
Tu restes notre amour
Tu demeures notre jardin
Tu es tout pour nous
Sauf rien
Gloire et adoration
Te sont rendu
En toi
Nous observons notre image
Tu es le souffle
Le souffle de nos vies.

L'avenir

Notre espoir
Toujours vivant
Grandissant plus
Nous croyons en nous
En notre devenir
Nous restons accrocher
Accrocher vers l'avenir
Tête haute
Avec courage
Détermination et enthousiasme
Courage et assurance
Puis que nous le construisons
Nous le bâtissons
Nous le pensons
Cet avenir meilleur
Cette aventure glorieuse
Nous gardons espoir
Maintenant le rêve
Nous y arriverons
Tous ensembles.

La prudence

Silence et gouverne
Eclairage et éveil
La douceur nous accompagnant
Tel un caméléon
La prudence notre credo

Evitant ennui
La focalisation règne
Tout calme et sein
Les objectifs avancent
Jonglant tout obstacle
Jalousie et haine
Caractère mauvais
Violence et discrimination

La prudence notre credo
Nous procurant assurance
Réussite et félicité
Nous guidant
Contrôlant nos pas
Notre agir et nos décisions
Notre volonté et nos comportements.

Le travail

C'est toi
Rien que toi
Nous libérant
Nous encourageant
Et nous déterminant
Tu es le socle
Donnant résultat
Fruits et bénéfices
A nos vies

Oh travail
Toi nous donnant
Autonomie et liberté
Satisfaisant nos besoins
Nos envies et nos attentes
Nous faisant
Rêver et réaliser

Oh travail
Tu es l'espoir
Nous conduisant
Au plus haut sommet
Nous faisant affirmer
Avec autorité et détermination
Avec logique et rigueur

Nous permettant d'affirmer
Nos visions et nos rêves
Notre façon observant
Le monde et ses rouages

Oh travail
C'est toi notre arcane
Notre lieu d'initiation
Tu es notre élévation
Notre héritage transmis
Nous te gardons
Avec fermeté et jalousie.

L'égalité

Sans aspérités
Sans distinction
De couleur de peau
De sexe
D'ethnie et de religion

L'égalité est prioritaire
Restant dans la constance
Dans la qualité
Et l'uniformité
Le traitement restant
Le même
Ayant même dignité
Même droit
Et même devoir
L'égalité doit régner.

La justice

Donnant à chacun
Le mérite adéquat
Respectant tout droit
Dans la rectitude
La plus parfaite
Dans toutes les possibilités
Observant l'exacte
Des devoirs et du dérouler
Que juste soit
Autorité compétente
Tribunaux et officiers
Avocats et magistrats
Administrez la justice
Respectez vos serments
Dans la volonté juste
Le chemin méritant
La clairvoyance exaltée
L'éclairage limpide
Pour une société vivable
Vivante et vivifiante.

La fraternité

Comme un même enfant
Unit familièrement
Venant d'un même père
Ayant un ancêtre commun
Allons ensemble vers elle
Vers la fraternité
Etroitement
Fécondons relation
Union et jonction
Amitié et entente
Amour et charité
Communication et compréhension
Soyons des fraters
Un seul peuple
Ayons une seule
Et unique vision.

La réussite

L'objectif visé
Quoi qu'il arrive
Même dans les conditions
Les plus difficiles
J'ai toujours
Et à jamais
La tête haute
Curieux et attentionné
Restant focaliser
Brisant les barrières
Marchant et courant
Allant au bout du chemin
Sueur au front
Tout mouillé
Dans l'espoir clair
Combattre le bon combat
Achever la bonne course
Contrôlant mes arrières
Avec silence et prudence
Courage et détermination
Avec énergie et rigueur
Pour une essentialité profonde

La réussite, la réussite
Toi qui me donneras

Dignité et respect

Autonomie et autorité

Repos et prospérité.

L'éducation

De toi, je m'affirme
Avec clairvoyance et logique
Objectivité et rigueur

Par toi et rien que toi
Je comprends et j'analyse
Même les choses complexes
Tu es la maitrise parfaite
La maitrise des maitresses

Tu nous as élevé
Sur la voie morale
Le chemin du vivre ensemble
L'amour de l'autre

Oh éducation
Tu es la référence
La divinité en nous
De toi on s'inspire
Nous puisons en ton essence
Toutes sources de valeurs
De normes et principes
Et toutes justices.

Le partage

L'écosystème dans son mystère
Sa grandeur et complexité
Restant de bout en bout
Un partage inconditionné

Nous humains
Vivant dans cet écosystème
Devons inconditionnellement
Faire partage

Partager avec le faible
Le pauvre et le malade
Le misérable et le handicapé
Le dominé et l'affamé
Pour qu'ensemble
Nous soyons forts
Solidaire et responsable
Courtois et puissant

Main dans la main
Nous irons plus loin
Quel qu'en soit la distance
Et l'étendu du lieu.

L'effort

Epuisé et fatigué
Tourmenté et affaibli
Restant focaliser
Ayant courage
Ne lâchant point

L'effort est une norme
Conduisant au but
Menant à la réussite
A la grandeur
Et la gloire
Tiens bon.

La culture

De son essence phénoménale
De sa richesse immense
Etendu et vaste
De son degré franc
De sa dimension éducative
La culture engloutissant
De toutes les civilisations
De toutes les mœurs
Les histoires et les légendes
Les mythes et les religions
Sa capacité précise
Transformant notre être
Meublant nos esprits
Nous donnant le gout
Du savoir et de la science
De la critique et de la posture
Nous inculquant liberté
Engagement et responsabilité
Connaissance et œuvre de l'esprit
Admirant en elle
La grandeur et mystère
Cosmique et universel
Nous amenant à l'invention
A la création et à la découverte
A l'exploration et l'exploitation

A l'admiration du beau

Du beau couvrant l'univers.

L'identité

Qui suis-je
M'interrogeant
Dans mon intime
Conviction et regard
Me demandant
De la profonde façon
Mon identité et mon essence

Suis-je un Homme
Appartement à un pays
Un continent ou un univers
D'une communauté ethnique
D'une région quelconque

Ma vie me résume-t-elle
Suis-je mon nom
Mon corps ou mon apparence
Suis-je ma conscience
Ma subjectivité ou mon sexe
Suis-je ma société
Ma culture ou mon éducation
Suis-je tout ou rien.

Le pardon

De tout obstacle

De toute rancune

J'évite et m'incline

Réclamant paix

Dialogue et entente

Par le billet du pardon.

L'entente

Chaleur et fraicheur
Sècheresse et pluie
Désert et foret
Terre et eau
Feu et air
Temps et espace
Signifiant profondément
Chose sérieuse
Essentielle et vitale

L'univers
Unit et indivisible
Homme, éloigne
En toi toute différence
Emancipant l'unité
L'humanisme et l'équilibre
L'égalité des chances
Tout comme l'univers
Qui rassemble sans distinction
Les éléments lui constituant
L'homme, imite l'univers
Dans son ordre réel.

Le progrès

De la nuit des temps
Seconde après seconde
Minute après minute
Heure après heure
Jour après jour
Semaine après séminaire
Mois après mois
Année après année
Siècle après siècle
Les cultures et les mœurs
Les religions et les civilisations
Ont toujours eu progrès
Ce mot complexe
Définissant l'homme
Est la boule
La machine à test
Prouvant à l'homme
Qu'il a évolué
Qu'il a changé
Qu'il avance.

Le bien

De préférence
Dans un monde rude
De conflit et de rancune
De jalousie et crise
De crime et de tuerie
D'assassinat et d'attentat
Il faut tendre vers elle
Vers la perfection
De la bonne grâce
L'acceptation plus
Du bien ultime
Ce bien nous rassemblant
Donnant le gout
La saveur d'aimé
En nous magnifiant
Nous poussant honnêtement
Vers l'amour sincère.

La reconnaissance

Mémoire retrouvée
Idée acquise
Image revue
Action examinée
Avec soin et détail
L'objet constaté
Dans la moindre certitude
Conscience oblige
Aveu et confession
Reconnaissant bien fait
Admettant l'efficacité
Gratifiant et considérant
Apercevant les rades
Et disposant son honnêteté
De reconnaitre et admettre
Sans hésitation
Le bon et le bien.

L'intégrité

Etat d'un tout
Dans son entier
Menant à la qualité
Le charme et la vertu
Obligeant l'intégrité
Pour une confiance
Un vivre meilleur
Un environnement exemplaire
Suscitant l'envie d'y être.

Le talent

Comme le poids du lingot
Capacité et habilité
Aptitude et acquisition
Engagé dans un art
Un domaine et métier

C'est du talent
Méritant valorisation
Importance et valeur
Devrait être adressé
Au talentum.

Le potentiel

D'une avancée claire
D'un progrès certain
Dans une ambiance
Confiante et animée
Conduisant à l'ascension
A l'émergence rêvée
Cultivant et animant
La perpétuation générationnelle

Vive le potentiel
Ce ardant pouvoir
Nous donnant respect
Dignité et autonomie
Nous éloignant de tout maux
Nous poussant à la grandeur
Nous élevant au rang magistral
Sur une table des grands
Avec fierté et humour
Dans la rigueur
Et le strict respect.

La connaissance

Grandeur d'esprit
Analyse profonde
Méthode rigoureuse
Raisonnement pointu
Cohérence et logique
Pistant solution
Lanterne éclairante
Guidant les esprits
Les éloignant de la caverne
Des illusions et de la confusion

Assermenté par sa directive
La connaissance est incommensurable
Sa hauteur et sa grandeur
Sont les clés
Ouvrant tout.

L'empathie

Amour

Gentillesse

Courtoisie

Dialogue

Entente

Entraide

Générosité

Amour

Amitié

Elégance

Simplicité

Unité

Fertilité

Partage

Equité

Justice

Liberté

Egalité

Affectivité

Honneur

Considération

Sont les maitres mots

Du vivre ensemble
Et de l'empathie.

La grandeur

Construire et bâtir
Travailler pour un but
Commun et général
Mettant en avance
L'intérêt pour tous
Pratiquant réellement
Sans esprits d'intimider
L'égalité des chances
A tous les secteurs
Et les niveaux d'activités
Donnant le gout de la vie
Du vivre et de la joie
Dans un environnement
Où espoir est en décadence
Mauvais temps est vivant

C'est de la grandeur
Autorisant règle
Justice et équité
Purifiant et sanctifiant
La société et la cité.

La discipline

Respect des règles
Des essences et fondements
Poussant à l'intégrité
Dans les règles de l'art
La discipline un atout.

Le courage

Sueur au front
Transpirant profondément
Avec fardeau de vie
Personne me déchargeant

Je tombe et je tombe
Souffle épuisé
Energie en faillite
Tête tourmentée
Corps fatigué

Je tombe et je tombe
Me relevant comme un malade
Comme un affamé
Mes pas devenant lourd
Ma poitrine me pesant

Je tombe et je tombe
Devenant traumatiser
Gorge sèche
Rhume m'envieillissant
Mon corps tremblant

Je tombe et je tombe
Relève-moi

Toi courage

C'est toi mon énergie

Mon espoir et ma force.

L'amitié

Me soulageant
Dans la confiance et fidélité
Dans l'amour et respect
Tu es mon chantre
Me posant sur tes épaules
Je me sens aimer
Vivant et accompagner
Malgré les difficultés
Tu as toujours été là
Me donnant courage
Conseil et espoir

Tu es mon confident
Toi amitié
Je te dois beaucoup
Honneur et fidélité
Sympathie et empathie
Respect et confidence
Charité et générosité
Gentillesse et courtoisie
Tu es tout pour moi.

L'assurance

M'allongeant sans crainte
Me baladant sans peur
Venant au monde sans risque
J'ai de l'assurance
En ma vie
En mon éducation
En mon parcourt
J'ai une assurance parfaite
De la vie et du vivre
Dans une cité élégante
Perfectionnant les hommes
Les rendant humanistes
Gentilles et aimables
Courtois et soucieux
Admirables et généreux
Compréhensibles et attentionnés
Fidèles et sympathiques
Respectueux et confidents
J'ai l'assurance claire
Vivant dans une telle société.

La bonne gouvernance

Cité perfectionniste
Société consistance
Politique adéquat
Vivre ensemble parfait
Peuple éduqué
Gouvernance bonne
Egalité de chance prouvée
Justice équitable
Egalité construite
Vision commune.

Science

Education à la perfection
Conscience au top niveau
Raisonnement rigoureux
Logico-constructif
Connaissance émancipatrice
Evolution Sincère
La science c'est la vie
La grandeur de la découverte
L'amélioration de la vie
Et de la condition humaine.